PÉRORAISON

QUI DEVAIT ÊTRE PRONONCÉE PAR L'UN DES DÉFENSEURS

DU MARÉCHAL NEY,

PRINCE DE LA MOSCOWA, ETC., ETC., ETC.,

En décembre 1815.

PUBLIÉE

PAR LA VEUVE DU GÉNÉRAL JUBÉ.

LE DÉPOT EST

CHEZ Mme DE BREVILLE, CABINET DE LECTURE,

RUE DE L'ODÉON.

Paris,

CHEZ TOUS LES LIBRAIRES DU PALAIS-ROYAL;

ET CHEZ TOUS LES MARCHANDS DE NOUVEAUTÉS.

1830.

IMPRIMERIE D'HIPPOLYTE TILLIARD, RUE DE LA HARPE, N° 88.

PÉRORAISON

QUI DEVAIT ÊTRE PRONONCÉE PAR L'UN DES DÉFENSEURS

DE M. LE MARÉCHAL NEY,

PRINCE DE LA MOSKOWA, ETC., ETC., ETC.,

PUBLIÉE

par la Veuve du général Aubé.

Nota. Cette péroraison avait été approuvée par M. le maréchal Ney, et remise à sa famille la surveille de sa mort. Des extraits informes et inexacts en ayant été publiés dans des journaux étrangers, avec lesquels l'auteur n'avait aucune relation, on la consigne ici tout entière, telle qu'elle était entre les mains de l'un de MM. les défenseurs. La *clôture* des débats, à cinq heures du soir, le 6 décembre, a rendu cette péroraison inutile.

M. *Du Châtelet*, ancien avocat-général et conseiller d'état, fut mis en prison pour s'être fait *récuser* par le maréchal *de Marillac*, contre lequel il avait fait une satire, et dont le cardinal de Richelieu l'avait nommé un des juges.

Cet homme généreux, accompagné de M. de *Saint-Preuil*, capitaine aux gardes, sollicitait avec chaleur du roi Louis XIII, la grâce du maréchal duc *de Montmorency* : le roi lui dit : « Je parie que vous voudriez avoir perdu un bras pour sauver le maréchal. — Je voudrais, répondit *Du Châtelet*, les avoir perdu tous deux, car ils sont inutiles à votre service, et en avoir sauvé un qui a gagné tant de batailles, et qui pourrait vous en gagner tant d'autres encore. »

Du Châtelet ne s'en tint pas là. Il fit un *Mémoire* éloquent et hardi en faveur du coupable. Le cardinal lui ayant reproché de condamner ainsi la justice du roi : « Pardonnez-moi, répondit ce loyal seigneur, c'est pour justifier sa miséricorde, s'il a la bonté d'en user envers un des plus vaillants hommes de son royaume. »

Nous voici, Messieurs, parvenus au terme de la carrière que la confiance de M. le maréchal avait ouverte devant nous, et que votre indulgence nous a permis de parcourir. Si nous en atteignons le but, nous le devrons bien moins aux efforts d'une voix qu'ont dû intimider et la majesté du lieu, et l'immense dignité de ce tribunal, qu'à la générosité française qui nous a laissé pénétrer dans son sanctuaire, et à cet amour de la patrie redevenu enfin inséparable de l'amour du souverain; amour sacré dont le feu épure les ames de ces levains de discorde, de cet esprit investigateur et réactionnaire, de ces agitations sourdes, trop semblables aux longs mugissemens qui, circulant dans les entrailles de la terre ébranlée, annoncent encore d'autres secousses, et menacent les hommes de nouvelles calamités. Cet amour nous crie à tous, d'une voix attendrie, qu'après un aussi déplorable épuisement, la France attend bien plus de secours du sang que nous aurons la prudence de ménager, que de celui qu'on aurait encore la triste jouissance de répandre.

Peu attentifs à ces piqûres redoublées qui déchirent le flanc de la victime long-temps avant qu'elle ne soit marquée par le sacrificateur, nous nous sommes élevé à de plus hautes considérations. Nous avons gémi sur les guerres civiles; mais nous avons appelé l'indulgence sur l'erreur d'un moment, erreur qui ne tendait qu'à prévenir des troubles intérieurs, erreur digne de cet intérêt général qu'elle inspire aujourd'hui.

Nous avons donc la douce conviction, qu'ardens émules de vos nobles ancêtres, qui, dans toutes leurs actions avaient en vue l'histoire et la postérité, vous n'agirez tous, Messieurs, que pour la gloire du prince dont vous ſormez la cour, et de la nation dont on se plaît à voir en vous l'élite. Sans doute il est horrible d'avoir vu la France prête à se déchirer de ses propres mains; mais en jetant les yeux sur le passé, quelle ſamille illustre peut se vanter d'être toujours restée intacte à cet égard? (1)

Si donc, tous les *Guyses*, parens de nos souverains, si les *Bouillon*, les *Montmorency*, les *Rohan*, les *Soubise*, les *Brissac*, les *Briqueville*, les *Biron*, les *La Rochefoucault* (2); si les *Duras*, les *Laforce*, et les *Latrémouille*, malgré leur noble devise (3); si les *Montigny*, les *Châteaubriand*, les *Laval* et les *Lescure*; si les ducs d'*Aumale* et de *Luxembourg*; les *Villars*, les *Brézé*, les d'*Harcourt*, les d'*Armagnac*, les *Coligny*, les de *Rhosne*,

---

(1) La célèbre *Christine*, reine de Suède, recueillie dans les palais de nos rois, l'avait remarqué, il y a plus de cent soixante ans. (Mém. de *Montp.*, t. 3, p. 165, et de madame de *Motteville*, t. 4, p. 429 et suiv.)

(2) On ne s'attache ici qu'aux noms des ancêtres et des parens des pairs actuels. Il n'y a pas, en France, un seul gentilhomme qui ne soit dans le même cas, et que le moindre retour sur sa généalogie ne doive porter à l'indulgence envers les autres.

(3) Une roue, avec ces mots : *Sans sortir de l'ornière.*

les *Polignac*; si tant de princes du sang : les *Robert d'Artois*, les *Charles duc de Berry*, les *ducs d'Anjou et d'Alençon*, *Charles duc de Bourbon*, *Louis*, dauphin, fils du victorieux Charles VII, *Gaston d'Orléans*, frère de Louis XIII; si le modeste *Turenne;* que dis-je? si le *Grand Condé* lui-même, marchant sur les traces de son aïeul, ont porté les armes contre leur roi, eux dont les familles tenaient de la munificence royale et leurs immenses richesses, si souvent le produit de barbares confiscations, et leurs titres, et leur illustration, eux qui avaient été bercés avec ce principe salutaire que leur gloire et leur existence étaient comme un appanage inaliénable de la couronne; si la plupart de ces illustres criminels ont trouvé grâce sur les marches de ce même trône dont ils devinrent les plus fermes appuis; si leur juste et loyale reconnaissance a pu verser ensuite sur leur patrie ces flots d'une gloire éternelle dont la France leur fut redevable; si, enfin, les pages de leur histoire *qu'il faut déchirer*, ne furent heureusement pas les dernières (1), lequel de leurs

(1) Allusion à la Muse de l'histoire, peinte dans la galerie de Chantilly, arrachant d'un livre intitulé : *Vie du grand Condé*, des feuillets sur lesquels on lisait : *Secours de Cambray*, *secours de Valenciennes*, *retraite de devant Arras*; enfin toutes les autres belles actions de ce prince, durant sa rebellion, et dont tout était louable, dit *Dubos*, à l'exception de l'écharpe qu'il portait quand il les fit.

généreux descendans, attachant ses regards sur l'infirmité naturelle des hommes, voudrait signer la mort d'un *Chevert*, d'un *Fabert* ou d'un *Catinat* que le prestige de la naissance, des souvenirs ou de l'éducation ne pouvait prémunir, et qui ne sachant que répandre son sang sur les champs de bataille, n'a pu songer, sans frémir, après 25 ans de la plus étonnante révolution, au danger de verser celui de ses concitoyens?

Nous vous avons prouvé, Messieurs, que toute la faute du maréchal était, en effet, dans cette excusable répugnance : « Elle est aussi, comme dit » Fléchier, dans cette incertitude où tout se con» fond en temps de troubles et de désordres, le » devoir avec la passion, le droit avec l'intérêt, » la bonne cause avec la mauvaise; où les astres » les plus brillans souffrent presque tous quelque » éclipse, où les plus fidèles sujets se voient en» traînés malgré eux par le torrent des partis, » comme ces pilotes qui, se trouvant surpris de » l'orage en pleine mer, sont contraints de quitter » la route qu'ils voudraient tenir, et de s'aban» donner, pour un temps, au gré des vents et de » la tempête. »

Ainsi, Messieurs, les fastes de vos familles, qui sont aussi les fastes de notre histoire, prouvent,

---

Dubos oubliait que rien n'est louable de ce qui se fait contre sa patrie.

et les mânes de vos ancêtres immortels qui errent en ce moment dans cette enceinte majestueuse, intéressés à votre gloire, et attentifs à votre décision, vous répètent que la bravoure et la loyauté peuvent se tromper, mais qu'elles n'en sont pas moins capables de rendre des services signalés au prince et à la patrie, dès qu'une noble indulgence a su s'en approprier toutes les facultés, et jeter une douce clarté sur la route de leurs devoirs. « Car, » dit encore l'évêque de Nismes, il y a, dans la po» litique comme dans la religion, une espèce de » pénitence plus glorieuse que l'innocence même, » qui peut couvrir avantageusement un moment » de fragilité par des vertus extraordinaires et par » une ferveur continuelle. » Cet illustre orateur n'avait qu'à louer *Turenne;* mais s'il avait eu pour mission de le défendre (et nous n'établissons ici de parallèle qu'à l'occasion d'une faute que Turenne pleura toute sa vie), ne lui aurait-on pas su gré de rappeler respectueusement à ses juges que les deux rois dont la mémoire est encore aujourd'hui la plus chère au peuple français, avaient eu le malheur de combattre contre leur souverain légitime avant que de monter eux-mêmes sur le trône qu'ils illustrèrent, et dont ils surent si noblement défendre et les droits et l'intégrité? (1)

Tout donc, Messieurs, peut se réparer, hormis

(1) Louis XII et Henri IV.

le résultat d'un arrêt fatal. La patrie se voile d'un crêpe funèbre, lorsqu'après ces meurtres déplorables imposés par les circonstances, appelées par les ministres de tous les pays, du nom imposant de raison d'État, la justice, en larmes, ne peut offrir d'autre dédommagement que ces *réhabilitations* tardives et insignifiantes que l'opinion devança toujours, et dont jamais elle ne fut satisfaite. Demandez-le, Messieurs, à ce noble modèle de la piété filiale, que d'illustres talens, des principes purs, des vertus antiques ont appelé à l'honneur de siéger au milieu de vous (1). Interrogez les cendres du héros de l'Inde, celles du célèbre gouverneur des îles de France et de Bourbon...... Pénétrez dans la conscience des magistrats qui eurent le malheur de se tromper. « Ah ! qu'il est » lourd, vous diraient ces derniers, combien il se » prolonge le lendemain du jour fatal où l'inno- » cence, où l'erreur même a été traitée comme le » crime !....

Et, ici, je m'asbtiens de parler des remords qui durent agiter les membres de ces cruelles *commissions* que notre histoire dénonce à la postérité. Qui ne se souvient de l'ironie foudroyante dont *Richelieu* paya la lâche complaisance des juges de

(1) M. de Lally-Tolendal, qui eut tant de peine à faire réhabiliter la mémoire du général Lally, dont on lui disputait même le droit de se nommer le fils.

Marillac? « Il faut avouer, leur dit-il, que Dieu » accorde aux juges des lumières qu'il refuse aux » autres hommes, puisque vous avez pu trouver » de quoi condamner à mort le Maréchal..... » Et c'était au nom du Roi et de l'État que *Richelieu* avait exigé cette condamnation! Et il avait outragé et cassé une première commission trop timide que *Dieu n'avait point éclairée!* et la mémoire du Maréchal fut solennellement réhabilitée après la mort du *premier Ministre!!!!*......

Il est vrai, Messieurs, et notre empressement à vous obtenir pour juges le fait assez connaître, nous n'avons à redouter de cet auguste Aréopage ni les haines, ni l'aveuglement, ni la prévention qui s'emparent si facilement des ames communes et ordinaires. Nous savons même qu'aux yeux des chefs de la noblesse française, vingt-cinq années d'exploits glorieux et d'une vie militaire sans peur et sans reproches, ne peuvent demeurer sans appui et sans recommandation. Mais en voyant les organes du trône se porter nos accusateurs, n'avions-nous pas à craindre que quelques-uns d'entre vous ne crussent la Majesté royale intéressée à notre perte?

Cependant à qui apprendra-t-on aujourd'hui, que la magnanimité du Roi n'a cédé, il y a cinq mois, qu'à des considérations politiques d'un très grand poids, et que nous devons peut-être la paix intérieure à cet appareil précautionnel de sévérité? Mais aujourd'hui que tous les cœurs réunis n'aspirent qu'au repos, ne répugne-t-il pas à nos mœurs d'invoquer encore le secours superflu des supplices? Et contre quelle tête, Grand-Dieu !!!! Souvenons-nous qu'un *Cimbre*, un esclave qui devait ses fers, sa misère, la destruction de toute sa nation au bras de *Marius*, ne put consentir à immoler ce guerrier proscrit et désarmé. *Cicéron*, dans l'une de ses plus célèbres harangues, osa proclamer qu'avant l'accusation intentée contre *Ligarius*, il était inoui à Rome que, *même pendant les proscriptions de Sylla*, un citoyen eût sollicité la mort d'un autre citoyen, et que l'on réputait barbares les nations chez lesquelles la haine était altérée du sang de son ennemi.

Aussi les plus beaux momens de l'existence des peuples sont-ils toujours ceux où la clémence du souverain ferme le temple de la guerre civile; où *César* embrasse *Marcellus*, et laisse, en pleurant, tomber au pied de son tribunal la sentence déjà portée contre *Ligarius*; où *Auguste* pardonne à *Cinna*; où le bon *Henri* tire une douce vengeance du duc de *Mayenne* (1); où Louis XIV de si glorieuse mémoire, tendant la main à *Turenne* et au *Grand Condé*, sut conserver à son empire ces épées

(1) On se rappelle sa promenade rapide dans la galerie de Fontainebleau, avec le duc, gros et lourd, qui avait tant de peine à le suivre....

formidables, ces impénétrables boucliers, à l'anéantissement desquels l'*Europe* alors aurait sans doute applaudi. (1)

Ah! Messieurs, ce ne sera pas en vain que la patrie, consolée par l'espérance, vous aura conjurés de ne lui point arracher de nouvelles larmes, et de laisser au temps et à la sagesse le soin de cicatriser ses blessures!

Voyant en vous les dignes appuis de la majesté royale, les véritables interprètes de cette justice nationale, qui, après tant d'infortunes privées et publiques, ne peut être que l'indulgence et la bonté, cette patrie élève vers vous, comme vers le roi lui-même, ses bras supplians, et lui adresse ces paroles mémorables qui ne frappèrent point en vain l'oreille d'un vainqueur irrité, d'un juge qui ne s'était assis sur son tribunal qu'avec la ferme résolution de condamner à mort celui qu'il regardait comme son ennemi personnel, d'un usurpateur heureux que les peuples n'appelèrent jamais du doux nom de *père* :

« Ce que votre fortune a de plus grand, lui dit » *Cicéron*, est de *pouvoir* conserver une foule de » sujets égarés, et ce que votre caractère a de plus

---

(1) *Voyez* l'accusation du duc de Richelieu, pag. 226 de la Vie de M. le maréchal, imprimée chez Pillet. « *C'est* » *même au nom de l'Europe*, disait le ministre du roi de » France, que nous venons *vous conjurer*, et même vous » requérir de juger le maréchal Ney !!! »

» noble, de plus auguste, de plus excellent, c'est
» de le *vouloir*. »

Mais, Messieurs, quelque éclat que l'histoire ait répandu sur la clémence de *César*, les Français ont-ils besoin de recourir à l'antiquité, quand leurs fastes sont ornés du nom d'Henri IV? De ce nom, le premier que bégaient les enfans au berceau, et le dernier que, depuis 200 ans, nos vieillards bénissent sur le bord de la tombe?

Ce prince que notre auguste souverain aime à prendre pour modèle, comme Henri lui-même avait adopté Louis XII pour le sien, semble avoir légué à la France le souvenir de mille traits de bonté, comme pour servir de phares brillans au milieu des noires tempêtes et des écueils d'une mer orageuse.

Son génie, de retour sur le trône, parle encore à sa noblesse, dont il aimait tant à se voir entouré. Vous le voyez accueillant *Mayenne*, ce chef de la terrible et parricide ligue, ce *Mayenne* qui avait osé le combattre en bataille rangée, qui avait déchiré la France pendant vingt ans, qui avait failli introduire sur nos contrées la domination autrichienne, qui avait entraîné dans sa révolte tous les ordres de l'État, qui avait refusé de poser les armes, même après le couronnement. Vous entendez sur-tout cette sublime exclamation, bien moins encore échappée de ses lèvres que de son cœur vraiment royal et magnanime, au milieu de son

Conseil qui réclamait des mesures de rigueur.
« Mon Dieu, donne-moi le moyen de sauver » ceux que la malice de mes ennemis s'opiniâtre » si fort à faire périr !... Je veux, oui, je veux absolument tendre les bras à tous ceux qui implorent ma clémence ! ! ! »

AUG^TE JUBÉ, Bon de la Perrelle.

FIN.

www.ingramcontent.com/pod-product-compliance
Ingram Content Group UK Ltd.
Pitfield, Milton Keynes, MK11 3LW, UK
UKHW021119290826
14628UKWH00014B/3102

9 782011 784650